ANTONIO MARCOS PIRES

Mensagens Positivas

EDITORA SANTUÁRIO
Aparecida-SP

Diretor Editorial:
Marcelo C. Araújo

Editores:
Avelino Grassi
Márcio F. dos Anjos

Coordenação Editorial:
Ana Lúcia de Castro Leite

Copidesque:
Leila Cristina Dinis Fernandes

Revisão:
Bruna Marzullo

Projeto Gráfico e Diagramação:
Simone Godoy

Capa:
Juliano de Sousa Cervelin

Dados Internacionais de Catalogação na Publicação (CIP)
(Câmara Brasileira do Livro, SP, Brasil)

Pires, Antonio Marcos
Mensagens positivas / Antonio Marcos Pires. – Aparecida, SP: Editora Santuário, 2009.

Inclui CD.
ISBN 978-85-369-0177-0

1. Citações 2. Máximas 3. Pensamentos I. Título.

09-11862 CDD-808.882

Índices para catálogo sistemático:

1. Reflexões: Citações: Coletâneas: Literatura 808.882
2. Reflexões: Máximas: Coletâneas: Literatura 808.882

Composição, CTcP, impressão e acabamento:
EDITORA SANTUÁRIO - Rua Padre Claro Monteiro, 342
Fone: (12) 3104-2000 — 12570-000 — Aparecida-SP.

Ano: 2012 2011 2010 2009
Edição: **7 6 5 4 3 2 1**

Agradecimentos

Diretores: Rubens Campos (Diretor Geral do Sistema Globo de Rádio), Giovanni Faria (Diretor Executivo Rádio Globo Brasil), Ayrton Mandarino (Gerente Nacional Rádio Globo Brasil) e Marcus Aurélio (Gerente Rádio Globo São Paulo).

Radialistas: Antonio Carlos, Roberto Canazio, Alexandre Ferreira, Laércio Maciel, José Carlos Araújo, Eraldo Leite, Beto Brito, José Santa Cruz, Zora Yonara, Loureiro Neto, Aldenora Santos, José Santa Cruz, Selma Lopes, Duda Espinoza, Juçara Carioca (Juju), Luiz Nascimento, Jorge Luiz, Edson Mauro, Daniel Penna Firme, Ana Paula Portuguesa e Ricardo Juarez.

Colaboradores: Marcelo Araújo (Diretor da Editora Santuário), Avelino Grassi, Edimar Custódio (Ed. Santuário), Ademar Barreto (compositor), Sr. Ary (Lotus Propaganda), Rita Elisa Seda (escritora), Dr. Talvane de Moraes (psiquiatra/psicólogo), Luana Richter (jornalista) e Edson Mardini (empresário).

Participação Especial: Agnaldo Rayol (cantor),
Ana Maria Braga (apresentadora de televisão)
e Walcyr Carrasco (autor de novelas).

Ficha técnica:

Gravação, Masterização, Produção, Direção:
Antonio Marcos Pires

Assistente de Produção:
Kátia Regina Affonso Pires
Larissa Affonso Pires

Revisão:
Yasmin Affonso Pires

Arranjos:
Edgard Filho e Ademar Barreto
João Cristal – Música Esperança

Quando pensei em produzir este CD, juntamente com o livro, pensei na importância deles em termos não apenas de comemoração de pessoas em momentos felizes, mas também de ajuda em momentos tristes, momentos de profunda dor, difíceis de suportar. Lembrei-me de minha mãe, Maria, batizada com o nome da mãe de Jesus. E por que surgiu essa lembrança de uma pessoa tão marcante e presente em minha vida? É que, desde criança, além das primeiras letras, ela me ensinou a orar, a acreditar que o bem sempre prevalece. E, lembrando de exemplos de fé e esperança tão positivos, eu quis transmitir, por meio das vozes de grandes nomes do rádio brasileiro, mensagens de fé, de esperança e paz.

Agradeço a Deus colocar pessoas certas para que este trabalho torne-se realidade.

Antonio Marcos Pires

Radialista, autor e compositor

Prefácio

O Evangelho de São João diz: "No Princípio era o Verbo, e o Verbo se fez carne".

O significado mais profundo da mensagem da Bíblia é que a palavra tem o poder de se transformar em algo concreto.

A palavra cruel, o comentário maldoso ferem o espírito de uma pessoa. Causam mal-estar físico, até doenças. A palavra dita com amor eleva a pessoa, melhora seu astral.

Escolher o que se fala e o que se ouve é tão importante como escolher o que se come. Ouvir palavras de amor faz com que nossos melhores sentimentos também despertem e que a vida se torne melhor.

As belas palavras produzem belos sentimentos!

Parabéns, Antonio Marcos Pires, por estas mensagens significativas.

Walcyr Carrasco

Escritor, dramaturgo e autor de novelas

Apresentação

Senti-me muito honrado e feliz pelo convite que você me fez. No mundo atual – onde o egoísmo das pessoas tem sido dominante e os sentimentos nobres de amor ao próximo e solidariedade com a dor do outro são raros –, a sua iniciativa merece realmente todos os aplausos, pois representa o instrumento do amor humano, energia que deve movimentar a todos nós. Li algumas de suas mensagens e fiquei encantado. Portanto, aí vai a minha contribuição para o seu bonito trabalho.

Busque sempre fazer o bem, sem esperar jamais algo em troca. A relação entre as pessoas deve ser movida pelo amor e pela alegria da convivência com os outros. Tal convivência, sabemos, é difícil, principalmente quando observamos diferenças entre nós e os outros, mas devemos entender que a vida está em todos os seres humanos, sejam semelhantes ou diferentes. Todos trazem o sopro divino em si. Conviver com as diferenças dos outros e aceitá-las, eis o grande segredo da felicidade humana. Não basta a cada um ser feliz, mas importa é tentar fazer com que os outros sejam felizes também.

Diante da dificuldade, nunca desanime. Busque a sua realização tornando as pessoas que o cercam igualmente realizadas. Lembre-se sempre de que estamos todos no mesmo navio da vida. Se todos nós, seres humanos, nos esforçarmos para que o rumo da nau seja o porto seguro e bom, isso será ótimo para todos nós. Amar a todas as pessoas deve ser nossa meta.

Um grande abraço a todos.

Dr. Talvane Moraes
Psiquiatra

Introdução

Um livro escrito de maneira simples e direta, com mensagens que chegam até o coração, transformando sua vida em gotas de orvalho.

Um convite especial para seus dias se tornarem melhores. Recomece.

Renove-se com belas mensagens!

Na correria do dia-a-dia, pare por um momento e reflita. Recomece suas manhãs com vontade de quem acredita em um amanhã melhor. Sinta as belas lições de vida, amor, otimismo e esperança que chegam até você, através de uma leitura cheia de afeto e ternura.

Verdadeiro bálsamo para a alma.

Mensagens que vão colorir seus dias de paz, glória e felicidade!

Sinta a luz do criador em cada palavra e faça deste pequeno livro uma oração diária.

Você nunca estará sozinho ao ler as mensagens de luz preparadas com carinho especialmente para você.

Sinta a força de Deus sussurrando em seus pensamentos e torne seus dias mais repletos de prosperidade. Vibre com cada palavra e descubra sua luz interior. Sinta a força do criador em cada mensagem de amor. Seja bem-vindo às belas mensagens de paz e harmonia! Comece o seu dia com atitudes renovadas. E a mente fortalecida!

Antonio Marcos Pires

Esperança

Intérprete: Agnaldo Rayol
Autores: Antonio Marcos Pires e Ademar Barreto
Arranjos: João Cristal

Nas águas serenas do mar,
eu vejo as estrelas do céu.
Nas estrelas, eu vejo a esperança.
Na esperança, a razão de viver.

O meu peito suporta emoções
que a vida reservou pra mim.
O direito de amar, de chorar, de cantar
e, assim, acreditar no amor.

Vencer barreiras.
Ganhar confiança.
Valer abraçar a esperança.

Vencer barreiras.
Ganhar confiança.
Valer abraçar a esperança.

(Vocal)
A esperança, a esperança.
A esperança, razão de viver.

Ah! Valer.
Valer abraçar a esperança.

(Vocal)
A esperança, a esperança.
A esperança, abraçar.

A esperança...

Mensagem de Abertura

Intérprete e autor: Giovanni Faria
(Diretor Executivo da Rádio Globo)

Este CD é uma obra de rara felicidade, fruto de um trabalho de quem gosta de produzir coisas boas na vida para aqueles que apreciam mensagens positivas.

Como jornalista, em quase 30 anos, vi, ouvi e vivi de tudo um pouco. Na busca frenética da notícia, uma dúvida sempre permeou meus pensamentos: afinal, por que damos tanto valor às coisas ruins que ocorrem? Por que acontecimentos trágicos, violências de toda sorte, dramas sem fim, crueldades mortais, dores insuportáveis, pesadelos de vida invadem nossos olhos e ouvidos todos os dias, numa enxurrada de informações que assolam nossas mentes, que nos agridem, nos enfraquecem, nos tornam vulneráveis? A dosagem diária que absorvemos está acima da nossa merecida cota, daí não ser este o remédio adequado. Precisamos nos embebedar de boas histórias, saciar nossa sede de bons exemplos, nossa fome de atitudes positivas, gestos sublimes, emoção pelas coisas simples, prazer em cada minuto, alegria em cada palavra, fé em nós mesmos, esperança de um caminho melhor a cada passo que damos em direção ao futuro. Este CD, juntamente com o livro, são uma ideia criativa de quem pensa em coisas boas, como o faz seu autor, Antonio Marcos Pires, a prova viva de que é possível pensar de maneira positiva sempre, para frente, porque a luz que nos ilumina dos céus nos guiará pela trilha certa. Ouça, leia, emocione-se, arrepie-se com mensagens em belas vozes que o farão entender o real sentido da vida. Parabéns, Antonio Marcos Pires, por esta obra que com certeza vai ajudar muitas pessoas.

Deixo agora esta mensagem para sua reflexão

Nenhuma palavra, expressão ou frase.
Nenhum conceito, provérbio ou sabedoria popular.
Muito menos qualquer pensamento, máxima, ditado, chavão.
Não está na música, nem na poesia, nem nas orações.
Mesmo que eu mergulhe nos Salmos, não encontrarei.
Mesmo que eu rastreie os livros, será em vão.
Mesmo que viaje nas músicas.
Ou resgate o passado da memória.
Mesmo assim, de nada adiantará.

Posso refletir nas montanhas.
Elevar minhas preces.
Imaginar coisas.
Rolar em sonhos e pesadelos.
Tudo isso é pouco.
Mesmo que minhas ideias caiam por terra.
Meus desejos esfriem.
Meu coração padeça.
Minha alma se atormente...
Posso ruminar delírios.
Cair em dor.
Perder-me em sombras.
Ser dominado por presságios...
Mesmo a voz embargada, emudecida, trêmula.
Mesmo o silêncio...
Mesmo que ontem esteja sepultado.
Que a virada do ano não volte mais.

Que minha tenra idade tenha se definhado.
Que a infância seja apenas um retrato amarelado na memória...
Mesmo assim, apesar de tantos mesmos, de tantos senões...
Mesmo assim, abrirei meu coração, amarei em dobro,
encontrarei ânimo, acreditarei sempre, superarei obstáculos,
direi a palavra certa, farei o gesto ideal, pensarei nos outros,
abraçarei meus filhos, rogarei aos céus, agradecerei a Deus.
A vida é para ser conjugada como um verbo, no tempo certo,
sempre no futuro do presente!

Abra o seu coração

Intérprete: Roberto Canazio

Um coração aberto, livre de mágoa, raiva e inveja,
transmite paz e harmonia, recebendo boas vibrações e energia.
Ser puro de coração é tarefa para os fortes.
Para aqueles que acreditam no poder de renovação através do amor.
É tarefa para aqueles que vieram ao mundo
dispostos a vencer e enfrentar o dia-a-dia,
com coragem e perseverança.
Eu pergunto: Você tem o coração aberto?
E o que é um coração aberto?
Vamos descobrir juntos?
Você é uma pessoa generosa?
Já sorriu hoje para o seu vizinho?

Cumprimentou o porteiro?
Ligou para um amigo para saber se está tudo bem?
Ajudou alguém a atravessar a rua?
Pegou na mão de uma criança?
Acariciou o rosto de um idoso?
Desculpou o homem que passava na rua e pisou no seu pé?
Escutou uma música suave?
Sentiu o perfume do lençol limpinho
que você acabou de colocar na cama?
Não? Então o que você está esperando para agir?
Para abrir o seu coração para as pequenas gentilezas da vida?
Para as coisas simples do cotidiano?
São elas que fazem a diferença no final de mais um dia.
Que tornam o nosso pequeno mundinho mais agradável.
Essa transformação só depende de você.
Do poder do amor que existe dentro do seu coração e,
talvez, nem você acredite na existência dele.
E olha, é grande. Imenso. Capaz de abrigar a humanidade.
Não acredita? Então experimente.
Comece hoje a tarefa de despertar seu coração
que anda meio adormecido.

Magoado. Ressentido. Doído.
É muito simples.
Tire esse amor que está guardado no seu peito.
Ele está esperando para renascer.
Demonstre o seu poder.
O poder de renovação. De vida.
E, principalmente, a sua grandeza para amar o próximo.
Ame. Pois nascemos para amar.
Você tem tanto amor para dar, mas está com medo.
Medo de quê? De se decepcionar? De se machucar?
As decepções fazem parte do caminho.
Nós nos decepcionamos num dia,
mas no outro o sol nasce de novo, e, com ele, a luz.
Decepções são pedras que vamos retirando uma a uma,
com a força do nosso coração.
E só quem tem o coração aberto
é capaz de sobreviver às desilusões da estrada.
Liberte-se do medo. E ame.
Liberte-se da mágoa e perdoe.
Liberte-se da raiva. E viva.
Abra o seu coração!

Enfrente os Obstáculos

Intérprete: Laércio Maciel

Já percebeu como Deus é perfeito até quando coloca
obstáculos em nossas vidas?
Sim, porque são esses obstáculos que nos fortalecem
e nos amadurecem
para tirarmos as pedras do caminho com segurança e determinação.
Não tenha medo do que tem para enfrentar, pois, por
pior que seja a luta, lembre-se:
Deus estará com você.
Estará ao seu lado irradiando luz.
Fortalecendo seus pensamentos!
Enfrente os obstáculos de peito aberto.
Com coragem.
Determinação. Disposição.

Nada de corpo mole! Você pode TUDO!
Acredite sempre que,
se os obstáculos estão esperando por você,
é porque Deus permitiu.
É porque Deus quis testar a sua força.
Testar a sua fé.
Ele confia em você. No seu poder de superação.
E com certeza, você se sairá bem. Tudo dará certo!
Não duvide! A dúvida gera ansiedade.
A ansiedade gera o medo, e o medo gera a insegurança.
Jogue todas as palavras negativas para o alto e pense positivo.
Firme. Pense que Deus está ao seu lado.
Pense neste instante que você é a PESSOA
mais PODEROSA do planeta.
E enfrente os obstáculos de cabeça erguida,
acreditando sempre na sua
vitória!

A Força do Amor

Intérprete: Loureiro Neto

O amor é o sentimento mais forte e nobre que existe no mundo.
Nada e nem ninguém é capaz de destruir quem tem o coração
iluminado pela força poderosa do amor.
Quem ama é bem-humorado, fortalecido,
tem fé e sabe que o poder de Deus
está em todos os lugares.
O olhar de quem ama tem brilho e vida.
O corpo está sempre saudável e cheio de disposição.
Quem ama é capaz de ter força para ir até as estrelas.
Tocar na lua! Nadar quilômetros e não se cansar!
Porque o amor é forte! Iluminado!
O amor nos impulsiona e nos mistura à grande força da vida.
Mas não basta apenas amar.

É necessário distribuir amor.
Vamos lá!
Demonstre esse amor que existe dentro de cada parte do seu corpo.
O mundo precisa do seu amor!
Grite esse amor em todos os cantos!
Cante o seu amor em verso e prosa!
O amor é forte, mas ao mesmo tempo
macio igual ao algodão-doce que você
comia com vontade na infância!
Como é bom ter o coração cheio de amor!
Cheio de brilho!
Cheio de luz!
Ame mais e melhor a cada dia!
Aprimore o seu amor!
Ame com vontade!
Intensidade! Determinação!
Seja mais amoroso a cada manhã!

Distribua o amor quente igual ao sol de verão!
Ame!
Ame o mais que puder,
e a vida sorrirá cada vez mais para você
e para todos aqueles que estão ao seu redor!
AME MUITO
e você estará atraindo a FELICIDADE
para a sua vida!

Como é Bom Ter Amigos

Intérprete: José Carlos Araújo (Garotinho)

A vida se torna mais alegre e feliz, o chão mais seguro e firme,
quando caminhamos com um amigo sempre presente,
nos dando apoio em todos os momentos da vida.
Ter amigos é acreditar num mundo melhor!
É acreditar no ser humano!
A amizade é um sentimento que nos torna mais humanos,
completos e serenos.
Ter amigos é saber conviver com as diferenças.
Aceitando o outro como ele é.
A amizade nos torna mais dóceis, tolerantes e pacientes.
Amigo é certeza de um papo verdadeiro.
Amigo nos fala a verdade sem machucar e na hora certa.
No exato momento em que íamos desviando do caminho.

O amigo nos ama, apesar dos defeitos que insistimos,
muitas vezes, em não consertar.
Amigo nos ajuda a olhar o mundo de maneira mais bela.
De um jeito mais puro.
É presença constante na nossa afeição.
Apoio certo nas horas difíceis.
Amigo nos ajuda a buscar equilíbrio nos momentos em que vacilamos.
Amigo é confidente. Abraço caloroso. Sorriso sincero.
Acalma as nossas dores e suaviza a nossa jornada.
O que seria do mundo se não existissem os amigos?
Aquecendo eternamente nossa alma.
Firmando, com vontade, nosso chão!

Otimismo Todo Dia

Intérprete: Luiz Nascimento

Otimismo sempre! A toda hora! A todo instante!
Quem tem o coração fortalecido pelo otimismo afasta
os sentimentos negativos e atrai saúde, prosperidade e amor.
O otimismo limpa o coração da tristeza.
Afasta a má vontade e supera os obstáculos que se tornam
pequenos diante da grandeza de quem tem o otimismo no coração.
Você é o que você faz. O que você planta.
Por isso plante sementes de otimismo.
Amanhã você estará colhendo os frutos doces
da alegria e da harmonia.
Pense todos os dias, ao acordar, que você é parte
do espetáculo radiante

da vida e que tudo, tudo mesmo, vai dar certo.

Para o otimista, a vida é a maior poesia de Deus.

O otimista vê os obstáculos como lições.

Como oportunidades de crescimento.

Amadurecimento.

Fortalecimento.

Sinta com prazer as coisas simples da vida que chegam até você.

O barulho da chuva batendo na janela.

O cheiro de terra molhada. O canto dos pássaros.

É Deus mandando um recado.

Tocando uma linda canção no seu coração,

para que você seja sempre otimista!

Otimismo é certeza de que o amanhã será melhor do que hoje!

Para o otimista, não existem dias difíceis.

Otimismo é certeza de prosperidade.

Confie em Deus.

Seja otimista e tenha sempre um bom dia.

Agarre a sua Felicidade

Intérprete: Eraldo Leite

O que você está esperando para AGARRAR
com unhas e dentes a sua felicidade?
Ela passa por você num piscar de olhos,
esteja atento para perceber quando ela chegar!
Não espere mais.
Seja feliz! Felicidade atrai felicidade!
E a sua felicidade só depende de você.
Do seu bom humor!
Do que você tem de bom para dar ao mundo.
Dos seus pensamentos sempre positivos.
Acreditando.
Sendo otimista, pensando sempre nas vitórias!
Lembra quantas lutas você travou e quantas vitórias já alcançou?

Foram muitas, não é?
Não deixe as pequenas coisas escaparem das suas mãos.
São elas que lhe trarão a tão desejada felicidade!
Feche os olhos, agora, bem devagar, suavemente,
e pense na sua felicidade!
Pense nos momentos felizes!
Nos momentos de prazer.
Naquela comidinha gostosa.
Naquela brisa que passa pelo seu corpo.
No sorriso das pessoas felizes.
No mar, no arco-íris!
Pensou?
Que beleza!
Então não espere mais.
Espalhe a sua semente de bondade pelo mundo
e AGARRE a sua felicidade
Porque ela é SUA!

Tempo de Amar

Intérprete: Alexandre Ferreira

O tempo é de amar.
De amar com toda a pureza que existe dentro do seu peito!
O amor perdoa. Esquece as mágoas.
Faz crescer e amadurecer.
Dá forças para buscar caminhos considerados inalcançáveis!
Não deixe para amar depois.
Ame agora.
O amor fortalece.
Enriquece! Aquece!
Seja fraterno com o seu vizinho.
Com seu amigo. Chefe. Irmão.
Com seus familiares.

Una-se ao universo em toda a sua plenitude e beleza!
Faça parte do exército do bem.
Do amor. Da fraternidade.
Somos todos irmãos!
Jesus veio à Terra para nos ensinar que só o amor salva!
Siga o exemplo do filho de Deus.
Siga o exemplo de Jesus, que amou a todos nós incondicionalmente,
sem esperar nada em troca!
A luz chega com o amor!
A luz chega com a felicidade de viver!
Ame com todo o seu coração
e deixe a luz divina iluminar a sua vida!

Nada Acontece por Acaso

Intérprete: Ricardo Juarez

Nada acontece por acaso. É a mais pura verdade.
Você já reparou o espetáculo que é uma lagarta se transformando
em uma borboleta linda e colorida?
E a beleza de uma rosa ao se abrir,
exalando seu perfume ao redor do ambiente?
Já percebeu?
Que espetáculo magnífico!
A rota traçada pela cachoeira com suas águas puras e cristalinas
que desembocam nos rios.
Uma árvore dando frutos.
O colorido do arco-íris.
Nada disso é obra do acaso, porque sabemos que na vida
nada, mas nada mesmo, acontece por acaso.

Em todo este espetáculo diário proporcionado pela natureza,
existe a presença ativa do Criador,
que com suas mãos mágicas e ternas
esculpe a maior obra de arte conhecida pelo homem:
A vida!
A terra!
A Via-Láctea!
O universo!
As estrelas que brilham enchendo nossos olhos de luz!
Nosso coração de paz!
O nascimento de uma criança gerada no ventre da mãe,
que alimenta o feto até que finalmente ele chegue ao mundo!
Nada é por acaso. Nunca!
Em tudo sempre existirão as mãos de Deus, que,
em sua magnitude, em sua infinita bondade,
em sua imensa humildade,
nos dá a chance de um novo dia, de uma nova promessa,
a cada amanhecer, porque nada... nada acontece por acaso!
Tudo tem uma explicação,
e a explicação tem um nome:
Deus!

Obrigada, Senhor, pelo Dia de Hoje

Intérprete: Aldenora Santos (Pudica)

Senhor, eu te agradeço de coração mais um dia que amanhece.
Só o teu poder é capaz de criar tantas maravilhas,
o brilho do sol, a mansidão da brisa,
as tintas coloridas entre as nuvens e o céu.
Inspira-me, Senhor.
Ilumina-me durante todo o dia de hoje
na convivência com minha família, no trabalho, nos meus estudos,
durante as 24 horas desse dia inédito em que terei a graça
de escrever mais uma página de minha história.
Eu quero aproveitar o máximo para fazer novos amigos,
ajudar o próximo, servir, colaborar,
espalhar sementes de amor em todos os momentos.
Pela manhã, durante à tarde e à noite, que eu jamais esqueça de orar,

de agradecer, de pedir perdão, de perdoar.
Eu quero cumprir o meu papel de aprendiz da vida,
fazendo a minha parte, procurando ser cada vez
melhor para os outros.
Abençoa, Senhor, esse dia maravilhoso de hoje.
Abençoa meus pensamentos, meus sentimentos, meus passos,
minhas atitudes, minhas palavras, todo o meu ser.
E com emoção vou continuar sempre exaltando suas maravilhas,
Senhor,
seu infinito amor que me protege, me ajuda,
me inspira a ser uma pessoa de bem com a vida,
em paz comigo mesma e cumprindo minha missão.
Senhor, obrigada, obrigada pelo dia de hoje.
Que durante as 24 horas de hoje eu possa contemplar êxitos,
vitórias, conquistas, felicidade, prosperidade,
e assim dizer para todo o mundo que sou uma pessoa feliz.
Tudo, tudo vai dar certo no dia de hoje.
Obrigada, obrigada, Senhor!

Desperte para a Vida

Intérprete: Marcus Aurélio

Comece o dia deixando a luz do sol entrar no seu quarto,
invadindo o seu peito e tomando conta do seu ser!
A luz do sol tem vida! Força! Energia!
É brilho irradiando SABEDORIA DIVINA!
E é de vida que você precisa, para enfrentar de cabeça erguida
e ânimo decidido mais um dia que nasce cheio de promessas!
Desperte para a vida!
Abra a janela da sua alma para sentir o sopro da natureza
entrando pelo seu corpo!
Sinta o frescor da relva!
A beleza de um céu azul!
DESPERTE E VIVA!
VIVA E AME COM A FORÇA DO SEU CORAÇÃO!

Ame muito! Ame sempre!
Ame seu trabalho. Sua casa! Sua cama! Suas roupas!
As pequenas grandes coisas do seu dia-a-dia!
Ame o abraço do seu filho! Do seu avô! Do seu pai!
Da sua mãe! Do amigo distante!
E até, quem sabe, do seu professor!
Desperte e abrace quem você hoje tem vontade de abraçar!
Um abraço sincero! Abraço para despertar!
Abraço para trocar boas energias!
Acorde com a luz do sol e DESPERTE PARA A VIDA,
que tudo de bom irá acontecer no seu dia!

Pureza de Coração

Intérprete: Juçara Carioca (Juju)

Acorde cantando.
Feliz!
Abra a janela!
Respire fundo e deixe o ar matinal entrar nos seus pulmões!
Sinta a cantiga do universo fazendo carinho no seu corpo,
embalando seus sonhos e incentivando dias melhores.
Acalme a sua mente.
Tire todos os problemas do seu caminho!
Que momento sublime!
Divino.
Que encontro magnífico:
você e a natureza.
Você e o Criador, misturados em apenas um.

Você é parte dele!

Você e o céu azul... de um azul de doer os olhos!

Sinta a beleza do dia penetrando na sua alma e faça uma oração

agradecendo a oportunidade de olhar o mundo

com os olhos cheios de esperança

e vendo o bem em todos os lugares.

Em todas as pessoas.

Limpe o seu coração, mantenha-o puro igual ao coração de uma criança.

Inocente. Ingênua. Terna. Amorosa.
Só quem tem o coração puro, limpo, livre de qualquer
sinal de impureza
é capaz de tamanha sintonia com o mundo!
Com Deus!
Viva cada dia melhor!
Ame com toda a força do seu puro coração e tenha um bom dia!

Boas Palavras

Intérprete: Jorge Luiz

Você já se deu conta, em algum momento da vida,
de como é importante estar sintonizado com bons pensamentos
e pronunciar boas palavras?
Palavras positivas? Que incentivam e produzem o bem?
Boas palavras geram boas ações. Geram energia positiva.
Já pensou nisso?
Uma boa palavra é certeza de ânimo elevado e boa saúde
física e mental.
Boas palavras atraem amigos sinceros. Afastam a solidão.
Todos querem estar perto de pessoas que têm sempre algo
de positivo a falar.
De quem tem sempre algo de bom para contar.
Um sorriso para dar.

Um aperto de mão para compartilhar.
Um carinho para fazer.
Palavras positivas atraem disposição de vida.
Brilho nos olhos. Vigor e satisfação diária.
Tenha sempre um bom conselho para dar.
Um coração a consolar. Sem esperar retribuição.
Seja uma pessoa generosa, companheira, amiga e sincera.
A palavra tem poder de transformação.
Cerque sua vida com doces palavras.
Elas iluminam o rosto, abrem portas
e transformam os corações endurecidos.
Auxilie sempre. Não recrimine. Não critique.
Aponte o caminho com a sabedoria de quem tem na ponta da língua
a palavra certa, no momento certo!

Acordar para Vencer

Intérprete: Beto Brito

A vida é um mistério a ser desvendado,
e só quem consegue desvendar esse mistério
divino são os vencedores!
Aqueles que vieram ao mundo para ganhar,
porque não tiveram medo de perder.
Ganharam porque não tiveram medo de lutar. O medo paralisa.
Quantos projetos, quantos planos não deram certo
porque você teve medo de fracassar?
E quem tem medo de fracassar, acaba fracassando.
Mas você não, você é diferente.
Você tem um poder imenso capaz de atrair coisas boas.
Coisas do bem. AMOR!

Portanto, já está mais do que na hora de ACORDAR PARA VENCER!
Para mostrar seu brilho.
A vida é um mistério maravilhoso,
e só aqueles que não se curvam diante das dificuldades
e acreditam em si mesmos, no brilho interior, na luz que irradiam,
só eles vencem e desvendam o mistério da vida!
Jesus, quando esteve na Terra, nos deixou uma linda mensagem:
"Conhecereis a verdade, e a verdade vos libertará!"
Então, está na hora de conhecer a sua verdade,
e ela está dentro de você.
Ela o libertará do medo de lutar.
De ir atrás do que deseja.
Porque é a sua verdade.
LIBERTE-SE!
ACORDE PARA VENCER!
Pois só você tem esse poder.

Mude e Ame Mais

Intérpretes: José Santa Cruz,
Selma Lopes e Duda Espinoza

(Santa)
Já parou para pensar quanto de amor você tem dado ao mundo?
A você? Aos amigos?
As pessoas que participam do seu dia-a-dia?

(Selma)
Você tem distribuído muito ou pouco amor?
Pensou? E aí?

(Duda)
Se a resposta é pouco amor, então é hora de parar e mudar!
Imediatamente! Agora!

(Santa)
O que você está esperando?

A vida não pára!

Ela segue sempre em frente!

(Duda)

Portanto, AME MAIS. AME MUITO.

(Selma)

Viemos ao mundo para AMAR.

(Santa)

Nascemos para distribuir amor.

(Duda)

Depende também de você formar um mundo melhor!

(Selma)

Deus habita no seu interior.

Na sua casa.

No seu trabalho.

(Santa)

O Sol nasce todos os dias dentro de você!

(Selma)

A lua brilha no seu corpo.

(Duda)
Fale de amor! Amor nunca é demais.

(Santa)
Faça como as crianças, que estão sempre dispostas! Sempre amorosas.

(Selma)
Trate bem a todos aqueles que cruzarem o seu caminho hoje!

(Duda)
Ajude a mudar o mundo!

(Santa)
Ajude a tornar o mundo mais feliz com seu AMOR!

(Selma)
MUDE E AME MAIS!

(Todos)
Deus conta com o seu AMOR!

Desafios do Caminho

Intérprete: Edson Mauro

Todos nós temos desafios para enfrentar no longo caminho
que percorremos na Terra.
Acordar todos os dias já é um desafio fantástico!
É importante acordar com pensamento positivo e pé direito.
Respirando fundo e sorrindo para a bela oportunidade de estar vivo!
Não importa o desafio que temos pela frente.
O importante é a atitude firme diante dos desafios
que precisam e vão ser solucionados.
Os desafios são provas da vida a serem enfrentadas com a cabeça erguida.
É a vida testando a sua fé. A sua força.
O seu poder de superar os obstáculos. A sua coragem!
O que você está esperando para encarar mais um desafio?

Você é uma pessoa corajosa! Iluminada.
Otimismo e vontade de vencer os desafios
são a primeira coisa que devemos ter!
Lute pelo que deseja. Acredite nos seus sonhos.
Nos seus projetos.
Descruze os braços, respire fundo
e misture-se ao espetáculo da vida!
Você existe e é forte. Muito forte.
Faça uma oração de agradecimento!
Perceba que, no instante que você faz a oração, o auxílio chega.
Seu corpo vibra numa sintonia de luz.
Seu peito se acalma,
e você descobre que o desafio que parecia um monstro
sem solução diminuiu.
Foi embora! Tornou-se pequeno diante da sua grandeza.
Sua disposição para vencê-lo é maior!
Agora existe dentro de você uma imensa coragem para enfrentar
e superar mais um desafio do caminho.
VOCÊ É O ATOR PRINCIPAL DA SUA VIDA!
Faça sempre o melhor.

A Paz que Existe em Nós

Intérprete: Ana Paula Portuguesa

Você já se deu conta de que, para encontrarmos a felicidade,
é necessário primeiro encontrar a paz?
Sim, porque sem ela é impossível ser feliz!
A paz não vem de fora!
A paz começa, primeiro, dentro de cada um de nós.
Com as nossas atitudes diárias de bondade e de delicadeza!
De cuidado com o próximo!
De respeito aos mais velhos!
De cuidado com os animais de estimação.
De cuidado com as nossas palavras!
Sim, as nossas palavras têm força. Têm poder.

Elas podem construir ou destruir!
Elas podem unir ou causar a desunião!
Semeie a paz.
A paz está no silêncio que você faz durante uma oração.
No canto dos pássaros.
No brilho das estrelas.
No sorriso das crianças.
A paz está nas ondas do mar, que penetram fundo
dentro de nossa alma,
trazendo uma sinfonia de amor e bem-estar.
Na sombra de uma árvore que dá frutos saborosos
e nos alivia do calor!
A paz é Deus! E você tem Deus dentro de você!
Portanto, a paz está dentro de cada um de nós!
Procure-a nas pequenas coisas do seu dia-a-dia
que você a encontrará
e estará cada vez mais em paz e próximo da felicidade!
Muita paz para você, hoje e sempre!

Ame a Vida

Intérprete: Antonio Carlos

Novas mensagens chegam dos céus anunciando dias de glória!
Recomeçar é refletir.
Recomeçar é juntar-se ao espetáculo brilhante da natureza!
É misturar-se à vida, sentindo o canto dos pássaros
e o perfume das flores.
Recomeçar é saber que você também é parte da natureza
e por isso merece o melhor.
Não desista dos seus planos. Respeite o tempo de Deus.
Ele tem planos para cada um de nós.
Vida é crescimento. Aprendizado. Lição.
Só um coração tranquilo, sereno e seguro pode ter dias melhores.
Não desista no primeiro obstáculo.

Faça da sua vida um recomeço!

Renove as esperanças. O coração. A mente!

Semeie Vida! Amor! Bondade!

E você receberá de volta e em dobro!

Abra-se para as boas mensagens!

Faça parte do espetáculo divino que Deus preparou para você!

Comece o dia com atitudes renovadas e a mente fortalecida!

Ame a vida!

Seja forte!

Determinado!

E seja feliz!

Acredite em Tudo o que Fizer

Intérprete: Laércio Maciel

Quando se pensa na realização de um sonho,
algo que se deseja muito, que se QUER muito, é preciso ACREDITAR!
Em primeiro lugar, antes de tudo,
o sucesso que você tanto almeja
vai depender única e exclusivamente de você.
Da sua mente. Do seu poder.
Da luz que você irradia de dentro para fora.
Todos os sonhos, planos e realizações
acontecem primeiro dentro de cada um de nós.
E esses sonhos só se tornarão possíveis
se você ACREDITAR neles!
Quando acreditamos nos sonhos é possível realizá-los.

Mas claro que você tem que agir. Tomar iniciativa.
Dar o pontapé inicial.
Na vida, tudo tem um começo.
E depende de você começar.
A pessoa que acredita no que faz,
que confia e é determinada,
vai longe.
Atinge o seu objetivo.
Quem acredita no que faz não teme o impossível,
porque o impossível não existe.
Então o que você está esperando?
Acredite no poder de Deus!
Acredite em você!
Realize seus sonhos e seja feliz!

Desanimar, Jamais!

Intérprete: Zora Yonara

A vida é um dom precioso, oferecido por Deus para ser vivido
com alegria e determinação!
Ao acordar todos os dias, levante da cama
com disposição e vontade de vencer.
Mostre ao mundo seu carisma! Sua simpatia.
Vamos lá, está esperando o que para abrir os olhos
e atrair as coisas boas da vida?
Coisas boas e simples!
O cheiro gostoso de café. Hum... gostoso...
O pão quentinho com manteiga, a água que mata a sede.
Coisas simples que dão prazer e ajudam a viver.

Acredite que tudo vai dar certo.
Seu pensamento atrai o que de melhor possa acontecer.
ACREDITE!
Vamos lá, garra!
Seja decidido!
Desanimar, jamais!
Dê carinho! Dê amor! Reparta sorrisos.
Aconselhe para o bem.
Enfrente o dia-a-dia com aquela determinação
que Deus espera de você.
Não o decepcione. Ele quer O MELHOR na sua vida.
Seja agradecido pelo ar que respira.
Pela água que bebe. Pela comida na mesa.
Pelas mãos que acariciam! Pela voz que irradia!
Mostre que você é uma pessoa de luz
e está em sintonia com o universo hoje e sempre!
E lembre-se:
Desanimar, jamais!

A Semente do Amor

Intérprete: Alexandre Ferreira

Se você deseja ser uma pessoa de bem,
vivendo alegre e feliz, atraindo boas energias,
plante sementes de amor ao seu redor.
Plante sementes de carinho e compreensão no coração do próximo!
Plante um sorriso no peito do seu companheiro de jornada!
Quem hoje não precisa de uma palavra de consolo?
De uma palavra de carinho? De um conselho sincero?
Portanto, seja você a plantar sementes de amor
no coração dos outros!
Seja educado! Amável com as pessoas.
Saiba escutar o que o outro tem a dizer!
Seja, principalmente, uma pessoa grata!

Grata à vida!
Grata ao planeta Terra,
que tão amorosamente lhe recebe diariamente com grandeza
e não cobra nada por isso!
Distribua elogios sinceros. Dê mais amor.
Dê mais carinho! Faça a diferença de forma positiva!
É tão fácil ser bom. É tão mais fácil fazer o bem.
O coração fica mais leve. A respiração, mais segura.
Plante o bem! Semeie luz!
Seja aquele que faz a diferença!
Plante a sementinha da felicidade!
E todos aqueles que se aproximarem de você
sentirão a luz irradiando do seu coração!
E você nunca se arrependerá de plantar
cada vez mais sementes de amor!

Dia de Luz

Intérprete: Selma Lopes

O que é um dia de luz?
Dia de luz é aquele dia em que levantamos da cama com o pé direito,
com o peito em festa, cheios de disposição e vontade,
para colorirmos, com nossas mãos abençoadas,
mais uma manhã que se inicia.
Uma manhã cheia de promessa!
Uma manhã de café cheiroso e leite quentinho.
Manhã de água morna. De filhos correndo no quintal nos estendendo
os braços, com o coração pulsando de felicidade!
Um dia de luz é aquele dia em que saímos para o trabalho
agradecendo por mais uma oportunidade de ganharmos

o pão de cada dia
com o suor do nosso rosto.
Dia de luz é brilho nos olhos!
É almoço na mesa. É roupa passada! Cama arrumada.
Sorriso de vizinho. Conversa de amigo. Conselho de mãe.
Abraço da pessoa amada!
Beijo de namorado!
É a certeza de que se está vivo e aberto para receber a beleza
de um dia esculpido por Deus.
O voo dos pássaros! A cantiga das águas!
A areia branca! As ondas do mar! A música preferida!
Os lírios do campo! O cheiro da pipoca.
O doce de leite! O passeio no parque.
Viu como é simples?
O que você está esperando para iluminar o seu dia?
Não espere, é agora. Irradie força dentro de você.
Coloque luz na sua vida e faça o seu DIA BRILHAR!

Você Merece Ser Feliz

Intérprete: José Santa Cruz

Viver é um espetáculo diário!
Portanto, celebre o canto dos pássaros, o ar que respira,
o voo da borboleta, o céu estrelado, o brilho da lua, o sol se pondo,
a areia molhada, o cheiro do mato.
Celebre você!
Sim, ame-se. Aceite-se.
A vida é para os corajosos. Para aqueles que não têm medo de errar.
Para aqueles que não têm medo de arriscar.
Que levam no peito a coragem e a fé,
e acreditam que viver é uma bênção!
Viva bem. Faça o bem.

Viver com alegria e serenidade é para aqueles que acreditam
que a vida é amor e, por isso, são capazes de amar incondicionalmente.
Sim, ame. E ame muito.
Vamos lá, abra um sorriso, abrace, beije, cante e dance. Dance muito.
Dance um bolero. Um rock. Uma valsa. Sambe!
Não sabe dançar? Não sabe sambar?
Então aprenda. Faça do jeito que você achar melhor.
O importante é movimentar o corpo.
Ria também.
É você quem melhora a sua existência com pensamentos
de renovação.
Prepare o seu coração para muita emoção!
Viva com alegria, porque você merece ser feliz!

A Hora é Agora

Intérprete: Roberto Canazio

Confie no poder da vida!
Viver é alegria. Amor. Entrega. Renovação.
Viva sempre em comunhão com o canto dos pássaros.
Com a beleza das flores.
Com a sabedoria dos rios que percorrem um longo caminho
para atingir seus objetivos.
A cada dia a luz do sol convida a humanidade para um novo dia.
É tempo de novos planos.
Novos projetos. Novas conquistas.
O que passou não volta mais. As tristezas se perderam no caminho.
O que importa é o hoje. O agora. O momento presente.

A sua vontade de vencer os obstáculos e superar
o insuperável é maior.
E com esperança renovada você olha a vida de outra maneira.
Com coragem. Vontade de vencer. Sem medo do futuro.
Seu coração ganha um colorido especial.
Seus olhos, um brilho que vem de dentro.
Você, finalmente, descobriu a sua força interior.
O seu poder de recomeçar.
Enxugue as lágrimas, levante a cabeça e pense positivo!
A força do seu pensamento é luz.
Sua fé é maior do que qualquer adversidade.
Não desista.
Dentro de você existe uma capacidade imensa de recomeço
que você descobriu agora.
Acredite! Seu desejo será realizado.

A hora é agora. Não espere mais.
Você lutou, chorou, suou, sorriu e se emocionou.
Passou as noites em claro tentando encontrar uma solução.
Teve medo de fracassar.
E o medo do fracasso fez a sua fé balançar.
Mas o pior já passou.
Você descobriu que era importante para a vida.
A hora é de sorrir para a felicidade.
Pense positivo!
Só quem pensa positivo atinge seus objetivos.
Acredite, porque você é importante para Deus.
Confie na sua força e renove as esperanças,
porque a hora é AGORA!

Abrace o Céu!

Intérprete: Daniel Penna Firme

Abrace tudo o que você puder!
Abrace a sua cama que lhe acolhe quentinha todas as noites!
Abrace o alimento que mata a sua fome!
Abrace o céu, a vida, as estrelas, a água que mata a sua sede!
Abrace feliz! Sorrindo!
Cheio de energia!
Vibre com cada abraço.
Sentindo a magia e a riqueza de Deus!
Abrace as pessoas amadas, abrace a sua vida!
Ela é única! Preciosa! Saborosa!
Abrace as mudanças e transformações com vontade de criança!
Abrace, sim, as mudanças!
Elas chegam para melhor!

Espantar o tédio! Fazer seu coração vibrar mais alto.
Deixe fluir um abraço cheio de vida
para cada pessoa que cruzar o seu caminho!
Não tenha medo de distribuir abraços!
O abraço é poderoso!
Abrace acreditando no futuro cheio de luz.
Surpresas! E coisas gratificantes!
Quem abraça a vida, recebe um abraço de volta em alimento,
felicidade e eterna fraternidade!
Olhe mais uma vez para o alto
e abrace mais uma vez o imenso CÉU
que embeleza a vida com seu azul vibrante!
Abrace. Com vontade!

Saudade é Sentimento Bom

Intérprete: Juçara Carioca

Há quem diga que saudade é sentimento que faz sofrer. Que nada!
Saudade é sentimento bom. É vida vivida, sentida e sonhada.
Experiência passada, amadurecida e contada.
Saudade é sentimento que nos deixa mais vivos,
realizados, humanos e, ao mesmo tempo, imortais.
A saudade escreve a nossa história!
É passado que vive feliz na nossa memória.
Quem nunca sentiu saudade da infância?
Daquele cheiro gostoso de bolo de milho?
Das brincadeiras com os amigos?
Do quarto de criança? Da escola?

E da professora que pegava na mão
para ensinar as primeiras palavras?
Saudade é coisa gostosa.
É lembrança cheia de pureza daquele abraço caloroso de mãe.
Do afago e das conversas do pai.
Quanta saudade do bicho de estimação
que tanta alegria nos trouxe ao coração!
Saudade é sinal de que tivemos momentos importantes
da nossa história contados agora, com grande emoção!
Saudade são momentos verdadeiros,
guardados e eternizados na nossa memória.
Saudade é sentimento bom!
Saudade é sentimento puro!
Saudade é amor e emoção!
Que reparte, mas não parte o coração!

Dias de Esperança

Intérprete: Jorge Luiz

Viva feliz atraindo para seu mundo dias de esperança!
Espere o MELHOR! O maravilhoso!
Esperar o melhor é acreditar no maravilhoso poder de Deus.
É acreditar que o nosso criador e pai está ao nosso lado,
segurando nossas mãos!
A esperança é o sentimento que nos fortalece para a caminhada diária!
Que nos dá coragem! Ânimo!
Pensamento positivo e mente saudável atraem prosperidade e amor!
Acostume-se a olhar o dia de amanhã com esperança no seu coração!
Crie o hábito de bons pensamentos.
Boas vibrações.

Vibrações de fé e amor!
Viva com alegria! Paixão!
Sinta em você, no seu peito, o canto do beija-flor!
O néctar da flor!
O carinho da pessoa amada!
E encha seu peito de esperança!
Quem tem o coração recheado de esperança,
está livre da dor, da amargura, da tristeza!
A esperança altera nossos sentidos! Enriquece nossos dias!
Nossos ouvidos! Nossos olhos!
Faça do seu dia um dia mais feliz!
Faça do seu dia um dia cheio de esperança e amor!

Índice

3. Abra o seu coração – 20
Intérprete: Roberto Canazio
Autor: Antonio Marcos Pires

4. Enfrente os obstáculos – 24
Intérprete: Laércio Maciel
Autor: Antonio Marcos Pires

5. A força do amor – 27
Intérprete: Loureiro Neto
Autor: Antonio Marcos Pires

6. Como é bom ter amigos – 30
Intérprete: José Carlos Araújo (Garotinho)
Autor: Antonio Marcos Pires

11. Obrigada, Senhor, pelo dia de hoje – 42
Intérprete: Aldenora Santos (Pudica)
Autor: Antonio Marcos Pires

12. Desperte para a vida – 45
Intérprete: Marcus Aurélio
Autor: Antonio Marcos Pires

13. Pureza de coração – 49
Intérprete: Juçara Carioca (Juju)
Autor: Antonio Marcos Pires

14. Boas palavras – 52
Intérprete: Jorge Luiz
Autor: Antonio Marcos Pires

15. Acordar para vencer – 55

Intérprete: Beto Brito

Autor: Antonio Marcos Pires

16. Mude e ame mais – 58

Intérprete: José Santa Cruz, Selma Lopes e Duda Espinoza

Autor: Antonio Marcos Pires

17. Desafios do caminho – 63

Intérprete: Edson Mauro

Autor: Antonio Marcos Pires

18. A paz que existe em nós – 66

Intérprete: Ana Paula Portuguesa

Autor: Antonio Marcos Pires

19. Ame a vida – 68
Intérprete: Antonio Carlos
Autor: Antonio Marcos Pires

20. Acredite em tudo o que fizer – 71
Intérprete: Laércio Maciel
Autor: Antonio Marcos Pires

21. Desanimar, jamais! – 74
Intérprete: Zora Yonara
Autor: Antonio Marcos Pires

22. A semente do amor – 77
Intérprete: Alexandre Ferreira
Autor: Antonio Marcos Pires

27. Saudade é sentimento bom – 90

Intérprete: Juçara Carioca (Juju)

Autor: Antonio Marcos Pires

28. Dias de esperança – 93

Intérprete: Jorge Luiz

Autor: Antonio Marcos Pires

O Rádio!

Quem seria eu sem o rádio?
Sem a imaginação que ele cria em minha mente...
Sem a alegria que ele desperta em minha vida...
Sem a informação que me guia por um mundo seguro...
Quem seria eu sem o rádio?
Sem a intimidade que me faz sentir amado...
Sem a descontração das conversas que me fascina...
Sem a companhia que não me deixa ilhado...
Quem seria eu sem o rádio?
Sem essa amizade que se renova todos os dias...
Sem essa cumplicidade que envaidece...
Sem esse respeito mútuo.
Sem o rádio, quem seria eu?
Não este ser alegre, feliz;
não esta pessoa de bom orgulho;
muito menos alguém em paz.
O rádio que me perdoe, se preciso for.
Suas ondas têm alma.
Sua alma tem vida.

Enfim, é como se o rádio me ouvisse.
Me entendesse, me conhecesse.
Num simples botão,
ligo o bem, desligo o sofrimento.
Sem o rádio, talvez eu não fosse ninguém.
Com ele, sou o centro do mundo.
Do meu pequeno mundo.
Que, como o rádio,
é obra divina.

Autor: Giovanni Faria
Diretor Executivo da Rádio Globo Brasil

Depoimentos

"Acredito que ler e ouvir palavras de incentivo diariamente nos faz acreditar e lutar por uma vida e um mundo melhor. Que este CD nas vozes dos nomes do rádio brasileiro traga muita paz para você e sua família."

Ana Maria Braga

Apresentadora de televisão

"Antonio Marcos Pires, cara de menino, alma de poeta, coração de menino e sabedoria de velho! Quando o vi pela primeira vez, pensei: Será meu filho do coração! Hoje me chama de mamãe e me pede a bênção com uma doçura 'inenarrável'! Me conta segredos e piadas. Trocamos confidências; rimos e choramos juntos. Pires, 'Boa Sorte, e que Deus o abençoe, meu filho'."

Zora Yonara

Radialista

"Quando uma obra toca o nosso coração fazemos questão que todos a conheçam. Sem dúvida o livro/CD *Mensagens Positivas* é um incentivo à vida, à paz e à verdade. Brilhante ideia. Parabéns a todos."

Agnaldo Timoteo

Cantor

"Um livro e um *CD* para você ler, ouvir e se emocionar com belos textos e magníficas interpretações. Parabéns aos companheiros radialistas, ao autor Antonio Marcos Pires, 'Tuninho', e à Editora Santuário por esta iniciativa de investir numa obra que, sem dúvida, é um belo presente para todos nós."

Antonio Carlos

Comunicador da Rádio Globo

Onde começa a arte da paz

"A arte da paz começa em você; trabalhe para conseguir que ela permaneça ao seu lado. Todo mundo possui um espírito que pode se aperfeiçoar, um corpo que pode ser treinado e um caminho a seguir. Você está aqui para cumprir estas três metas, e para isso são necessárias duas coisas: manter a tranquilidade e praticar a Arte em cada coisa que fizer. Nenhum de nós precisa de dinheiro, poder ou status para praticar a Arte; neste exato momento você está com os seus pés no Paraíso e deve treinar agora."

Paulo Coelho

Escritor

"A palavra entusiasmo vem do grego e significa *ter um deus dentro de si*. A pessoa entusiasta é uma criatura *preenchida* por Deus, sem restrições ou dúvidas. O entusiasta é bem diferente do otimista, pois o otimista torce e espera que uma coisa dê certo; já o entusiasta acredita que é possível *fazer e fazer-se* dar certo. Para ser um entusiasta, em primeiro lugar, é preciso esvaziar-se de si mesmo e deixar Deus tomar conta. Assim haverá mais atitudes, decisões e criação; com isso a palavra esperança é traduzida para o *aqui e agora*. Sejamos entusiastas."

Rita Elisa Seda

Escritora

"*Mensagens Positivas* é um CD que traz para a família ensinamentos de vida, nas mais belas vozes do rádio brasileiro. As faixas são verdadeiras sementes de esperança, palavras de fé embaladas em um universo de emoções, e nos levam a refletir sobre a necessidade de recebermos e emitirmos cada vez mais boas vibrações através de energia nova e limpa."

Ayrton Mandarino

Gerente Executivo da Rádio Globo

"Ao ouvir as mensagens deste CD, interpretadas pelos grandes nomes do rádio brasileiro, sentimos o quanto é bom vivermos em paz, fazendo o bem e acreditando sempre em um mundo cada vez melhor para todos nós. Que Deus dê a todas as pessoas que ouvirem estas mensagens saúde, amor e paz. Como disse Jesus: *'Glória a Deus nas alturas e paz na terra aos homens de boa vontade'*."

Rubens Campos

Diretor Geral do Sistema Globo de Rádio

Antonio Marcos Rodrigues Pires nasceu no dia 11 de julho de 1972 no município de Itaguaí, Estado do Rio de Janeiro. É radialista (há 19 anos na Rádio Globo), autor compositor e produtor fonográfico. Casado com Kátia Regina Affonso Pires, com quem tem 2 filhas, Yasmin e Larissa. Desde criança sempre foi muito criativo e, incentivado por sua avó, Armenia, aos 9 anos começou a escrever poesias e mensagens. Na Escola Municipal Tenente Renato César (RJ), onde cursou o primário, participou de um concurso de poesia e ficou em terceiro lugar. Antonio Marcos Pires é autor da Coleção de CDs *Histórias e Orações dos Santos*, nas vozes dos comunicadores da Rádio Globo, e do livro *Mensagem para as Mães*, Ed. Santuário, 2009.